Simon Pierre Désiré ZOGO NKADA

Vincent NGUINI

Simon Pierre Désiré ZOGO NKADA

Vincent NGUINI

La passion et le talent au service de l'universalité culturel

Éditions Muse

Imprint

Cover image: www.ingimage.com

Publisher:
Éditions Muse
is a trademark of
Dodo Books Indian Ocean Ltd. and OmniScriptum S.R.L publishing group

120 High Road, East Finchley, London, N2 9ED, United Kingdom
Str. Armeneasca 28/1, office 1, Chisinau MD-2012, Republic of Moldova, Europe
Printed at: see last page
ISBN: 978-620-4-96246-7

Simon Pierre Désiré ZOGO NKADA

Vincent NGUINI

La passion et le talent au service de l'universalité des sonorités africaines :

l'artiste, son œuvre, son héritage

PREFACE

L'amitié a ceci de magnifique que seuls ceux qui l'admettent comme une valeur de la nature humaine la célèbrent au-delà même de notre existence matérielle. C'est ce sentiment, que dis-je, cette complicité au-delà de la simple proximité que j'ai vécue avec Vincent NGUINI, cet immense personnage de la galaxie musicale planétaire des dernières décennies, qui motive mon incursion occasionnelle dans le champ de l'art littéraire. Cela simplement pour apporter un ingrédient à cet hommage si heureusement rendu à titre posthume à un homme, un musicien au talent incommensurable, un Artiste de la pure essence, bref une icône qui a su par son talent, le travail acharné et la passion, surmonter les clivages et les frontières culturelles dans son parcours professionnel. Musicien complet aux qualités relationnelles reconnues et appréciés par ceux qu'il aura côtoyé au cours de son périple musical commencé au début des années 1970 et achevé dans le cours de la deuxième décennie du 21ème siècle (le 08 décembre 2017), Vincent de Paul NGUINI NGONG OBAMA de son état-civil, n'a pas simplement existé, il a eu une vie accomplie en faisant ce qu'il aimait le plus et qu'il s'est employé à faire le mieux possible : la musique avec son instrument « de tous les jours » : la guitare qui, comme il aimait à le dire était devenue comme « d' une partie de son corps ». C'était tout dire !

Bien que je fis sa connaissance alors qu'il était déjà un musicien professionnel accompli, et très sollicité sur la place musicale de la France et au-delà, et moi un jeune loup dans la profession, nous avons curieusement développé au cours de nos premières rencontres, une sympathie et une amitié profonde, parc que partageant la même passion pour la musique, notre profession

Justin BOWEN

La mort, ce monstre mystérieux et terrifiant auquel aucun humain de ce monde n'échappe a ceci de navrant qu'on la célèbre dans la douleur et la désolation, puis l'on oublie l'être cher arraché à la vie, et aussitôt s'installe le vide dans la pensée et la mémoire collective de ses contemporains. Ainsi nul n'échappe à ce funeste destin, car ce scénario est inhérent à la temporalité de notre existence en ce monde. L'on pourrait transposer cette morale que nous enseigne le départ de ce monde de ceux que nous avons connu, comme c'est le cas de Vincent NGUINI, artiste au sens complet du terme, en convoquant la tirade populaire selon laquelle « l'artiste ne meurt jamais », mais survit à travers son œuvre. Mais hélas, le départ de ce monde assez récent[1] de ce musicien d'un talent hors norme ne vient-il pas confirmer avec pertinence cette réalité incontournable de l'humaine condition dans sa dimension scatologique[2]. L'on pourrait tout aussi évoquer ici l'adage inspiré de la sagesse de notre temps, qui dit que « nul n'est prophète chez soi »; adage qui colle certainement au personnage qu'incarnait le decujus NGUINI Vincent tout au long de sa carrière, que dis-je, son riche parcours de musicien d'envergure planétaire[3]. Même si à côté de son œuvre musicale qui reste d'une très haute facture[4], l'artiste est resté en dehors du champ de popularité que son talent et son aura à l'international lui procuraient comme plus-value sur la scène musicale camerounaise et même africaine au cours des dernières décennies.

Ainsi donc Vincent NGUINI comme le dira à titre posthume un admirateur et critique de son œuvre musicale, aura incarné « le pluriel universel du Bikutsi »[5], en mêlant à son commerce acoustique avec

[1] Il s'est éteint au Brésil le 08 Décembre 2017.

[2] Tout ce qui est en relation avec la mort, ou qui est susceptible de se passer après la vie de tout être humain sur terre.

[3] Son talent et son activité musicale l'ont conduit durant plusieurs décennies à prester sur de nombreuses scènes des cinq continents, et à accompagner des musiciens de renom, ou collaborer à leurs côtés dans la réalisation de leurs œuvres musicales.

[4] Vincent NGUINI a surtout œuvré pour la modernisation et à sortir des frontières du Cameroun le rythme Bikutsi en particulier, et la musique africaine, en y injectant des influences glanées de son métissage musical à travers ses séjours de par le monde.

[5] L'Abbé Janvier NAMA par ailleurs Docteur en Philosophie qui a ainsi titré un article en guise d'hommage posthume pour célébrer le talent incommensurable de l'artiste, dans le quotidien Le Jour n°3292 paru le mercredi 04 octobre 2020.

Paul SIMON son éclectisme musical riche en Jazz et de sonorités africaines.

En refusant de s'enfermer dans certaines frontières musicales, le virtuose camerounais de la guitare et du jazz à « la sauce africaine » a inscrit le Bikutsi moderne au centre des musiques planétaires de divertissement, en dépouillant ce rythme musical des peuples EKANG du Cameroun[6] des spories langagières qui ont longtemps vogué à contre-courant de son expansion au-delà des frontières nationales.

Le personnage qu'incarnait NGUINI Vincent était assez atypique, pour un artiste musicien de sa dimension, et en raison de son talent incontestable, tant sa discrétion et son humilité reconnus par tous [7] tranchaient avec l'exubérance et le populisme des personnes de son acabit qui, au détour de quelques succès discographiques hasardeusement glanés auprès d'un auditoire peu averti, s'érigent en « star de la musique » des temps modernes. L'artiste, mieux encore le maestro Vincent NGUINI était un homme simple, une personne ordinaire qui n'avait pas pris la grosse tête du fait de ce qu'il était dans l'univers de la musique mondiale, malgré son côté exigent et son verbe très acerbe à l'égard de la musique camerounaise et de ses acteurs[8]. S'il se distinguait par sa disponibilité à partager sa connaissance et son expertise dans l'art musical avec d'autres acteurs de son corps de métier[9], NGUINI n'était pas avare de « coups de gueule » vis-à-vis de ceux qui galvaudaient ce métier qu'il affectionnait et qu'il avait mis du temps à apprendre[10].

---

[6] Peuples de la forêt du Centre et du Sud du Cameroun qui se distinguent par des similarités culturelles et linguistiques, et qui ont des ramifications dans le Nord du Gabon et de la Guinée Equatoriale.

[7] Les hommages et autres témoignages rendus à titre posthume à l'illustre disparu aussi bien à l'annonce de son décès qu'au cours de ses obsèques auxquels nous avons assisté ne tarissaient point d'éloges à son égard. C'est notamment le cas lors des émissions spécialisées des radios et télévisions bien connues à l'échelle nationale et internationale (RFI ou Canal 2 au Cameroun lors de son émission de divertissement de dimanche après-midi du 09 décembre 2017).

[8] Il n'avait de cesse lors de ses passages dans les médias camerounais, de décrier le manque de culture musicale, l'amateurisme et la qualité peu compétitive sur le plan international des œuvres de nombre de ses congénères.

[9] L'artiste avait permis à plusieurs musiciens camerounais et africains de performer dans la musique pendant sa collaboration avec l'Américain Paul SIMON en qualité de Chef d'orchestre de celui-ci.

[10] Vincent NGUINI aimait dire à qui voulait l'entendre que la musique est le seul métier qu'il avait appris et qu'il la connaissait au bout de ses doigts.

Ayant découvert l'artiste à travers ses œuvres musicales au cours des années 1990 entre mon séjour d'étudiant en Europe et mes voyages pour raison de vacances au Cameroun, je ferai quelques années plus tard la connaissance de l'homme à Obala sa ville natale et d'adoption[11], à travers des amis communs également natifs de la même ville. Aussi ai-je été séduit par l'immense talent du personnage, son attachement à son terroir et la fierté de ses origines[12]. Toutes choses qui m'ont persuadé à faire revivre au travers des écrits, l'image et le souvenir de ce personnage que fut cette espèce humaine en voie de disparition musicalement parlant, à défaut d'immortaliser son œuvre par ces quelques pages, en guise d'hommage à un fervent défenseur du patrimoine culturel-artistique- africain[13].

L'hommage rendu post mortem à un personnage du monde de la musique de l'envergure de Vincent NGUINI ne peut être aussi fidèle à la réalité dans son rendu qu'une biographie (ou une autobiographie) qui retrace le parcours de la vie de l'homme de manière exhaustive. Aussi avons-nous voulu, à travers des sources documentaires écrites déjà publiées, et divers témoignages recueillis auprès des proches, dans l'entourage familial et la proximité artistique du decujus, pérenniser le souvenir de cette icône malheureusement méconnue du grand public camerounais, pour que ce « Mozart de la musique camerounaise » revive à travers son œuvre dans la mémoire collective d'aujourd'hui et de demain.

---

[11]Bien qu'étant natif de la ville d'Obala dans le département de la Lékié, NGUINI Vincent de mère Eton du clan Essélé, était originaire par son père de la grande famille Mvog Tsoungui Mballa (du clan Mvog Djouh) chez les Ewondo dans l'Arrondissement de Mbankomo, département de la Mefou et Akono.

[12]N'ayant véritablement pas vécu sur la terre de ses ascendants paternels, NGUINI revendiquait cependant ses origines Ewondo, malgré la forte influence du substrat culturel Eton dans le style musical traditionnel Bikutsi qu'il avait promu au-delà des frontières africaines.

[13]L'artiste s'était toujours gardé de s'enfermer dans la promotion du patrimoine musical de sa seule aire culturelle Ekang Beti du Cameroun. Très éclectique, sa musique était un condensé des grands courants musicaux d'Afrique et du reste du monde auxquels il s'est abreuvé au cours de sa carrière.

I. L'HOMME QUI S'APPELAIT Vincent NGUINI

Né à Obala dans le département de la Lékié en novembre 1952 de NGONGO OBAMA Virgile et de KOUNA Suzanne, NGUINI NGONG OBAMA Vincent de Paul de son nom à l'état civil a commencé sa scolarité à l'école publique de sa ville de naissance en 1958, puis va poursuivre ses études au lycée de la même ville jusqu'en 1967. Piqué par le virus de la musique dès son jeune âge à peine sorti de l'adolescence, le jeune garçon amateur de football au départ délaisse ce hobby pour s'orienter vers la musique qui deviendra finalement sa passion de jeunesse, puis finira par y tracer son sillon pour une carrière future.

A. Les premiers pas d'un musicien surdoué

C'est donc pendant sa scolarité au lycée d'Obala que le destin musical de la future icône planétaire se dessine. Plutôt tourné vers le sport à cette période, et davantage doué en football où il avait du talent selon ses déclarations lors d'un entretien accordé à une équipe de reporters d'un magazine spécialisé dans la chose culturelle[14]. A propos de ses premiers pas dans la musique, NGUINI Vincent de Paul disait ceci dans le cadre dudit entretien : « La musique est certainement une vocation mais au départ, c'était un jeu pour moi, juste pour m'amuser. Ce qui m'a amené à rejoindre l'orchestre du Lycée c'est sa popularité. Je me suis dit qu'il fallait que je tente ma chance si je voulais être aussi reconnu. C'est ainsi qu'un beau jour je suis allé à une répétition et me suis installé à la batterie à la première occasion. Et lors du bal de fin d'année, vu que les filles des chœurs devaient retourner à l'internat plus tôt, le batteur titulaire[15] qui voulait conter fleurette à l'une d'entre elles m'a demandé de le remplacer le temps d'un détour amoureux ». Il poursuivra l'évocation de cet appel de son destin musical par ces propos : « C'est comme ça que j'ai pris sa place [16] pour ne plus d'ailleurs jamais la lui rendre. Je commence donc à prendre goût à la

[14]*Mosaïque, Arts et cultures d'Afrique* n°079, janvier 2018 ; entretien avec Parfait TABAPSI, PP 4 et 5.

[15]Il s'agissait d'un aîné dénommé BESSALA ENONI, apprendra-t-on de l'oraison funèbre prononcée par le Maire de la ville d'Obala lors des obsèques du défunt le10 Février 2018 à la place des fêtes de laville.

[16]Ndrl

musique. A l'époque, la disposition de la scène était tout autre : le batteur était à peine visible du public, cependant, que les guitaristes étaient justes devant le public. Cela m'amène à vouloir jouer de la guitare pour être aussi vu du public. On était là dans les années 68 à 71 ».

Le témoignage ci-après d'un ami de jeunesse et camarade de classe ; tous musiciens de cette époque est assez parlant à ce propos ; en voici quelques-souvenirs relatés par Monsieur ANGOULA ANGOULA Joseph[17] : «

Les témoignages ci-après de quelques amis de jeunesse et proches du musicien de cette époque sont assez parlant à ce propos ; en voici quelques-unes :

1. Les débuts de Vincent NGUINI

J'ai rencontré Vincent NGUINI en 1971 au Lycée d'Abokono (lycée d'Obala).un certain nombre parmi les élèves jouaient des instruments de musique. C'est ainsi que nous nous sommes organisés pour former un groupe musical du Lycée. Ce groupe était composé ainsi qu'il suit :

Guitare solo : **TEME ETALY**

Guitare d'accompagnement : - **AWONO NNOMO**
- **NOUSSI Siméon**

Guitare : - **NDEMBA Joseph**
- **NDONGO**

Batterie : **Vincent NGUINI**
Chanson : **ANGOULA ANGOULA (OTIS)**

Après la formation de l'orchestre, nous avons été confrontés à plusieurs problèmes dont le principal est celui des instruments de musique. Nous avons pour cela utilisé des guitares sèches auxquelles nous avons collé des micros pour les amplifier. Mais, l'épineux

[17] Un des acteurs de la production musicale ayant pignon sur rue au Cameroun, mais également administrateur de la Cameroon Music Corporation, société de Gestion des Droits d'auteurs de l'art musical.

problème a été celui de la batterie. Parlant de batterie, Il faut dire que nous étions, Vincent NGUINI et moi-même étions les seul à avoir vu une vraie à Yaoundé, et Vincent avait fait ses premiers pas dans un petit orchestre d'Elig-Effa. Il y avait fait ses premiers pas. Et c'est ainsi que, profitant d'une photographie insérée dans un magazine des jeunes de l'époque intitulé « SALUT LES COPAINS », nous avons demandé à un forgeron du nom de OMBE NIKO de nous fabriquer cette batterie avec des gros, des petits fûts et des peux d'animaux. C'était donc le début de la carrière musicale de Vincent NGUINI.

2. De la batterie à la guitare

L'orchestre du lycée est devenu en peu de temps l'un des meilleurs orchestres des lycées de la région du centre. Chaque membre excellait à son poste, mais le chanteur que j'étais était le plus en vue, puisque toutes les filles n'avaient leur regard que sur OTIS le chanteur, alors que le batteur est caché derrière tout le monde. C'est la raison pour laquelle Vincent NGUINI vint me voir un matin pour me dire qu'il ne voulait plus jouer de la batterie et qu'il voulait apprendre à jouer de la guitare. Liant l'acte à la parole, Vincent acheta une vieille guitare et se mit à l'école de la guitare. Je dois avouer qu'en quelque semaines, tout l'orchestre était émerveillé par ce que Vincent était désormais capable de d'interpréter comme morceaux de jazz et autres. C'est ainsi que Vincent quitta la batterie pour être en première ligne comme soliste. C'est le début d'une longue carrière qui a commencé à Obala. Tous les bals du lycée étaient animés par ce groupe qui en peu de temps était devenu très célèbre. Si certains parmi nous arrivions à lier l'école et la musique, Vincent NGUINI a complètement abandonné la route de l'école pour se consacrer exclusivement à la musique.

3. Yaoundé-- New York

La musique a été la cause de l'arrêt des études de Vincent NGUINI. En effet, il a quitté très vite la petite ville d'Obala dans laquelle il n'arrivait plus à trouver des musiciens à son niveau. Il monta donc à Yaoundé, la capitale du Cameroun et on l'a retrouvé on retrouvait des grands orchestres à l'instar des orchestres de la boite de nuit « Arizona saloon », l'orchestre du mythique bar « le philanthrope » d'un des quartiers les plus populaires de Yaoundé. A la fin, nous nous sommes retrouvés tous les deux dans l'orchestre du balafon du Balafon Mont-Fébé Palace, un des plus grands Hôtels de la Capitale du Cameroun. Pour la petite histoire, c'est cet orchestre qui accompagnait le célèbre Musicien Camerounais MANU DIBANGO. C'est dans cet orchestre que Vincent NGUINI a terminé sa carrière Camerounaise. `Mais il faut rappeler que Vincent était devenu un des plus grands solistes du Cameroun. Il entama donc une tournée Africaine qui le conduisit en Afrique de l'Ouest et à enfin au Ghana où il s'inscrit dans une grande école de musique qui le permit d'obtenir à la sortie les plus grands diplômes de musique. Fort de tous ces diplômes, il se retrouve aux Etats-Unis où il est nommé chef d'orchestre du célèbre Paul Simon avec la riche carrière que nous avons tous connue.

Pour le jeune Lycéen apprenti musicien, une fois ces étapes du baptême du feu et de l'entrée en scène véritable franchies, d'autres portes s'ouvriront pour des opportunités plus larges d'apprentissage de son art de prédilection, notamment dans les cabarets et autres hôtels huppés de la capitale camerounaise Yaoundé.

- ***Les débuts d'un long apprentissage musical***

Après ses débuts à Obala, le surdoué dont le talent se révèle au fil de la pratique musicale comme guitariste, semble désormais avoir choisi sa voie en renonçant à ses études en fin de premier cycle. Il déposera ses valises à Yaoundé pour des raisons professionnelles, en gardant « un pied-à-terre » dans la localité d'Obala où résidaient ses parents.

Le séjour Yaoundéen de l'artiste lui offrira l'opportunité d'un « passage à échelle » dans le domaine musical à travers des contacts utiles, et autres rencontres de personnalités locales du milieu musical (tel Francis KINGUE aujourd'hui disparu, qui à l'époque officia comme directeur de l'orchestre national). De cette période de début d'apprentissage musical, il garda de beaux souvenirs qu'il ressassait à loisir à ses interlocuteurs curieux d'en savoir sur son itinéraire artistique. En voici quelques morceaux choisis :

« Après Obala, je vais à Yaoundé. Un jour, avec l'ami Lazare NGUENANG, qui avait une guitare, nous nous sommes mis à jouer devant une fontaine publique. Ce qui attire du monde. Trois jours après, c'est l'orchestre de Francis KINGUE qui jouait au cabaret l'Arizona qui fait appel à moi... Quand j'y arrive, je ne connais évidemment ni les accords ni les noms. L'on m'a donné la grille avec les accords du fameux morceau « nuages » de Django REINHARDT. Ne pouvant pas suivre, j'ai fait semblant de jouer et le reste du groupe s'en est aperçu... C'est ainsi que je vais me mettre à apprendre les accords. Mon avantage aussi a été que je jouais avec de véritables musiciens qui coulaient tous dans le jazz qui est la base de tout. Cela a pour conséquence que lorsque je vais me retrouver plus tard au cabaret Le Philanthrope, j'aurai une avance surtout le monde... ».

Ainsi donc, le jeune apprenti guitariste autodidacte continue de faire ses classes dans le monde de la musique et prend même du galon au cours de son long apprentissage dans les cabarets de la capitale camerounaise. Le choix de son métier est fait, et il commence à tracer le sillon de son métier futur. Il raconte cet autre épisode de son odyssée musical commençant en ces termes :

« Ce qui se passe, c'est que Madame KINGUE (tenancière du cabaret Arizona) quitte le Cameroun et l'Arizona est vendu au pharmacien François SANDJI qui était par ailleurs le beau-frère de Ringo, sociétaire de l'orchestre... Ringo devient donc le chef d'orchestre et veut imprimer sa marque avec de nouvelles têtes, vu qu'il a d'autres orientations artistiques. Je me retrouve à la rue ou presque pendant un mois avant que MEKONGO Président (MEKONGO Jean de son nom de naissance) ne fasse appel à moi pour aller jouer au Philanthrope ». Son passage dans ce Cabaret de renom de la capitale camerounaise, temple de la musique moderne ou à tendance étrangère, lui donnera l'opportunité de côtoyer des musiciens confirmés dans la profession, ce qui lui permettra de parfaire son apprentissage de la musique dite moderne de l'époque, notamment le jazz et la soul music d'influence afro-américaine, de même que le rock'n roll à la mode dans les années 70. Il précisera d'ailleurs pour expliquer son orientation dans le style musical qu'il avait choisi par ces propos :

« A Yaoundé en cette décennie 70, et contrairement à ce qui a cours, la musique avait globalement deux tendances : la musique typique du cru, qui se jouait dans les quartiers ; le plus emblématique endroit qui portait cette tendance était le cabaret Escalier Bar. De l'autre côté, il y avait des orchestres comme le nôtre qui ne jouaient que la musique étrangère comme la pop, la soul ou le jazz. Cette tendance comprenait beaucoup d'étudiants. C'est beaucoup plus tard que nombre d'entre nous nous retrouverons à l'étranger, notamment en France, et que pour survivre, on se met aux rythmes locaux comme le Makossa ».

Pour le jeune Lycéen apprenti musicien, une fois ces étapes du baptême du feu et de l'entrée en scène véritable franchies, d'autres portes s'ouvriront pour des opportunités plus larges d'apprentissage de son art de prédilection, notamment dans les cabarets et autres hôtels huppés de la capitale camerounaise Yaoundé.

Après ses débuts à Obala, le surdoué dont le talent se révèle au fil de la pratique musicale comme guitariste, semble désormais avoir choisi sa voie en renonçant à ses études en fin de premier cycle. Il déposera ses valises à Yaoundé pour des raisons professionnelles, en gardant « un pied-à-terre » dans la localité d'Obala où résidaient ses parents.

Le séjour Yaoundéen de l'artiste lui offrira l'opportunité d'un « passage à échelle » dans le domaine musical à travers des contacts utiles, et autres rencontres de personnalités locales du milieu musical (tel Francis KINGUE aujourd'hui disparu, qui à l'époque officia comme directeur de l'orchestre national). De cette période de début d'apprentissage musical, il garda de beaux souvenirs qu'il ressassait à loisir à ses interlocuteurs curieux d'en savoir sur son itinéraire artistique. En voici quelques morceaux choisis :

« Après Obala, je vais à Yaoundé. Un jour, avec l'ami Lazare NGUENANG, qui avait une guitare, nous nous sommes mis à jouer devant une fontaine publique. Ce qui attire du monde. Trois jours après, c'est l'orchestre de Francis KINGUE qui jouait au cabaret l'Arizona qui fait appel à moi… Quand j'y arrive, je ne connais évidemment ni les accords ni les noms. L'on m'a donné la grille avec les accords du fameux morceau « nuages » de Django REINHARDT. Ne pouvant pas suivre, j'ai fait semblant de jouer et le reste du groupe s'en est aperçu… C'est ainsi que je vais me mettre à apprendre les accords. Mon avantage aussi a été que je jouais avec de véritables musiciens qui coulaient tous dans le jazz qui est la base de tout. Cela a pour conséquence que lorsque je vais me retrouver plus tard au cabaret Le Philanthrope, j'aurai une avance surtout le monde… ».

Ainsi donc, le jeune apprenti guitariste autodidacte continue de faire ses classes dans le monde de la musique et prend même du galon au cours de son long apprentissage dans les cabarets de la capitale camerounaise. Le choix de son métier est fait, et il commence à tracer le sillon de son métier futur. Il raconte cet autre épisode de son odyssée musical commençant en ces termes :

« Ce qui se passe, c'est que Madame KINGUE (tenancière du cabaret Arizona) quitte le Cameroun et l'Arizona est vendu au pharmacien François SANDJI qui était par ailleurs le beau-frère de Ringo, sociétaire de l'orchestre[18]... Ringo devient donc le chef d'orchestre et veut imprimer sa marque avec de nouvelles têtes, vu qu'il a d'autres orientations artistiques. Je me retrouve à la rue ou presque pendant un mois avant que MEKONGO Président (MEKONGO Jean de son nom de naissance) ne fasse appel à moi pour aller jouer au Philanthrope ». Son passage dans ce Cabaret de renom de la capitale camerounaise, temple de la musique moderne[19] ou à tendance étrangère, lui donnera l'opportunité de côtoyer des musiciens confirmés dans la profession, ce qui lui permettra de parfaire son apprentissage de la musique dite moderne de l'époque, notamment le jazz et la soul music d'influence afro-américaine, de même que le rock'n roll à la mode dans les années 70. Il précisera d'ailleurs pour expliquer son orientation dans le style musical qu'il avait choisi par ces propos :

« A Yaoundé en cette décennie 70, et contrairement à ce qui a cours, la musique avait globalement deux tendances : la musique typique du cru, qui se jouait dans les quartiers ; le plus emblématique endroit qui portait cette tendance était le cabaret Escalier Bar. De l'autre côté, il y avait des orchestres comme le nôtre qui ne jouaient que la musique étrangère comme la pop, la soul ou le jazz. Cette tendance comprenait beaucoup d'étudiants. C'est beaucoup plus tard que nombre d'entre nous nous retrouverons à l'étranger, notamment en France, et que pour survivre, on se met aux rythmes locaux comme le Makossa ».[20]

- ***L'aventure musicale à l'étranger***

Toujours en quête de connaissances plus approfondies et de savoir-faire dans le domaine musical dont il a définitivement opté

[18]Il s'agit de l'orchestre du cabaret l'Arizona dirigé par Francis KINGUE.
[19]L'artiste a été à ses débuts initié et formé par la suite (notamment à l'académie musicale de Genève) dans ce courant musical d'obédience étrangère.
[20]Propos repris d'un entretien à « bâton rompu » réalisé par Parfait TABAPSI op.cit.

comme profession dès son arrivée à Yaoundé, et pendant le « tour d'horizons », effectué dans les cabarets à la mode de la capitale au détour des années 70, l'artiste entend découvrir d'autres horizons musicaux. Ce pèlerinage artistique qui s'inscrit désormais dans son agenda va s'opérer en deux phases décisives, mais non moins pavés de difficultés en tout genre : d'abord en Afrique de l'Ouest, et ensuite en occident.

- **En Afrique de l'Ouest**

Lorsqu'il racontait son périple musical à travers l'espace Ouest africain dans lequel il a acquis des solides bases dans le domaine musical, Vincent NGUINI, n'affichait ni complexe, ni remord pour ce choix qui avait été le sien, et qui semble avoir été déterminant pour la riche et longue carrière musicale qui a été la sienne[21]. A ce sujet, il se racontait ainsi :

« La sortie du Cameroun a été pour le moins mouvementée et imprévue. C'est même un hasard. L'orchestre est au Nord du pays pour jouer le bal de la CAMAIR, la compagnie aérienne nationale. Nous des ''Tulipes noires ''[22] faisons le voyage en compagnie d'EKAMBI Brillant[23]. A la fin du spectacle, nous ne savions pas que MEKONGO avait négocié d'autres spectacles dans notre dos. Malheureusement, il se trouve que deux spectacles doivent avoir lieu au même moment à deux endroits différents… Deux heures après le début du premier spectacle au lycée, MEKONGO nous enjoint de rejoindre Fédéral Bar (où avait lieu le second spectacle) et c'est là que tout a capoté… Le reste de la bande, c'est-à-dire petit NJOH qui est mort récemment, moi et quelques autres nous essayons de trouver le moyen de s'en sortir. Sans succès à tel point que nous envisageons l'immigration qui n'était pas au programme. De plus, il y avait le

[21]Arrivé en France en 1978 en provenance de Côte d'Ivoire où il officia pendant de nombreuses années comme Directeur de l'orchestre du ministère du Tourisme de ce pays, il s'installe aux Etats-Unis en 1987 à l'occasion d'une tournée avec Manu DIBANGO, dont il fut le chef d'orchestre des années durant. Il assumera la même responsabilité dans l'orchestre de la star américaine -encore en vie- Paul SIMON de 1987 à son décès en décembre 2017 au cours d'une de leurs multiples tournées au Brésil.
[22]C'est le nom de l'orchestre du Philanthrope dirigé par MEKONGO Président.
[23]Autre star et icône de la scène musicale camerounaise, toujours en activité.

phénomène FELA[24] qui embrasait tout le continent en ce moment-là. Je me souviens toujours de notre rencontre avec FELA. Lui, était assis au fond de la salle et nous demandait : «c'est quoi votre nom ?». Nous répondions qui, Vincent, qui Jean, etc. Et lui répondait : « Non, ce n'est pas vos noms ça. Donnez-moi vos vrais noms ». Quand j'ai dit NGUINI, il a été satisfait. Il poursuit ainsi en rappelant ces vieux souvenirs de jeunesse :

« A l'époque quand j'étais quelque part, je cherchais le meilleur orchestre. A Lagos, nous sommes donc allés au fameux club qui s'appelait Onitsha que tous les camerounais qui sont passés par là connaissent. Je suis engagé dans la foulé et fais appel à NJOH et MEKONGO. Deux semaines après, un promoteur béninois nous embarque pour son pays où nous restons aussi quelques semaines seulement avant d'atterrir au Togo pour trois semaines. Puis c'est le Ghana où nous croisons de très grands musiciens. Ce sera la Côte d'Ivoire par la suite pour moi avant un retour au Ghana et un départ pour la France ». A l'époque poursuit-il, « avoir un passeport n'était pas donné. Ce que nous ne savions pas c'est qu'avec une simple carte d'identité, on pouvait aller du Cameroun jusqu'en Mauritanie ! La Côte d'Ivoire m'a apporté beaucoup d'expériences. Mon statut de chef[25] me fournissait l'occasion idéale pour faire ce que je souhaitais artistiquement. C'est alors que je croise Teddy OSEI[26] qui restera pour moi un grand maître ».

Le meilleur souvenir en termes d'expérience musicale semble avoir été pour l'artiste la Côte d'Ivoire, car dira-t-il avec une certaine satisfaction :

« J'ai fait près de six ans en Côte d'Ivoire…J'arrive en France dans les années 78. Mais je connaissais déjà l'Europe puisque j'avais fréquenté l'académie de musique de Genève, sans vouloir rester sur ce

[24]Musicien talentueux et de très grande renommée internationale des années 70 à 90, qui avait promu le rythme Afro-beat au Nigéria son pays d'origine, de son patronyme FELA ANIKULAPU KUTI.
[25]Chef d'orchestre (ndlr).
[26] L'inspirateur du fameux groupe OSIBISA où joua pendant longtemps comme bassiste le camerounais Jean DIKOTO MANDENGUE qui par ailleurs, avait enseigné la musique à l'école de musique de Berkeley en Grande-Bretagne pendant huit ans.

continent-là à ce moment-là ». Toutefois, l'artiste avoue avoir fait un bon parcours de son école musicale au Ghana où son talent de musicien confirmé lui permit de s'attirer la sympathie du Président de la République de l'époque John Jerry RAWLING[27]. De cette étape ghanéenne de son long apprentissage de la musique, l'artiste garda un de ses meilleurs souvenir, car disait-il avec une certaine verve langagière : « Avant Genève, j'ai eu un Professeur de musique au Ghana pendant un an. Après Genève, je n'étais pas satisfait car, la formation reposait sur la musique classique et cela ne me plaisait pas beaucoup. Je suis donc revenu au Ghana.

- **Le séjour européen du musicien**

Le périple de l'artiste musicien NGUINI en Afrique de l'Ouest était tout sauf une simple aventure de jeunesse en quête d'une découverte des charmes du continent noir dans ses multiples facettes culturelles. Mais, il en a fait un tremplin dont il s'est bien servi pour se projeter dans sa future carrière musicale, car l'homme plutôt l'adolescent parti très tôt de son cocon familial d'Obala la guitare en bandoulière, n'avait pour seule ambition de devenir un musicien professionnel de grande dimension. Il le deviendra d'ailleurs aussitôt débarqué en France (ndrl). Quand j'arrive en France dira-t-il, « je croise Manu DIBANGO avec qui j'ai travaillé après avoir refusé un an durant son offre de collaboration. A l'époque, j'avais d'autres ambitions et aspirais à autre chose ». A son arrivée en France, il délaisse quelque peu la guitare, son instrument de référence pour se consacrer aux arrangements et travaille avec beaucoup de Ghanéens, d'Ivoiriens et quelques camerounais. La rencontre avec Manu DIBANGO lui donnera plus tard l'occasion de fouler pour la première fois le sol des Etats-Unis d'Amérique à la faveur d'une tournée de ce dernier dont il deviendra très vite le chef d'orchestre après leur

[27]Lequel l'avait pris en sympathie, car il était passionné par la bonne musique qu'il pratiquait d'ailleurs en dilettante à ses heures perdues. Les deux personnages s'étaient liés d'amitié grâce à la pratique musicale qu'ils avaient en partage. Pour mémoire, le Président John Jerry RAWLING est décédé en Novembre 2020.

rencontre[28]. Ce séjour en terre européenne et en France en l'occurrence, où il résida pendant une dizaine d'années, lui permettra de par l'état de ses services dans le microcosme musical, de se donner une stature de grand musicien auquel de nombreux musiciens africains et européens avaient recours, soit pour des arrangements, soit pour des prestations scéniques[29]. Durant son séjour en France, NGUINI Vincent « fleurta » avec tous les styles musicaux et fut même l'inspirateur d'un groupe musical, le groupe MALOKO dont les musiques étaient d'inspiration africaine, avec une part belle aux rythmes congolais. C'est donc dire combien l'homme et surtout l'artiste avait cultivé cette approche œcuménique dans la pratique de son art dont il était une référence non seulement sur la scène africaine, mais à l'échelle mondiale[30].

B. Le talent et le professionnalisme confirmés

Si l'expérience musicale acquise par le musicien en France a été déterminante pour la suite de sa carrière, son long séjour américain finira par le révéler comme un musicien complet, arrivé au faîte de son art. Car, s'étant frotté à presque tous les grands courants musicaux du continent africain[31], Vincent NGUINI a su construire des passerelles entre les influences musicales de son temps, tout en gardant sa personnalité musicale africaine[32]. Son immense culture musicale couplée à son talent ne lui avait pas donné la « grosse tête » comme cela arrive souvent à nombre d'artistes de sa trempe. Refusant de se considérer comme une star de la musique internationale, malgré sa grande stature unanimement reconnue dans ce microcosme où règne souvent la confusion des genres, NGUINI est demeuré très

[28] Leur collaboration professionnelle dura du début des années 1980 à 1987, lorsqu'il décide de s'installer aux Etats Unis.

[29] Outre sa collaboration pendant plusieurs années avec Manu DIBANGO, Vincent NGUINI eut à collaborer entre autres avec Henri SALVADOR et Jean DIKOTO MNANDENGUE sur la scène ou en studio et signa de nombreux arrangements d'artistes africains.

[30] Sa rencontre puis sa collaboration musicale avec l'américain Paul Simon a fini par donner la pleine dimension de son talent et de son professionnalisme confirmé, après une longue période de formation théorique et pratique de la musique.

[31] Son grand pèlerinage musical à travers le continent lui a permis de rencontrer des musiciens d'horizons divers

[32] Il surfait avec aisance sur tous les rythmes musicaux contemporains, avec une forte coloration des musiques africaines. Mais il n'acceptait guère qu'on collât à sa musique l'étiquette de la « world music » qui pour lui enfermait la musique africaine dans un carcan fourre-tout, et ne favorisait pas son émergence au plan mondial.

affable et d'une grande simplicité dans son être. D'un abord facile et d'une ouverture d'esprit reconnue par ses pairs, il restait prêt à collaborer et à prêter main-forte à qui le sollicitait, soit pour mettre son talent à la réalisation d'œuvres musicales, soit pour prodiguer des conseils à certains, afin de les aider à se perfectionner dans l'art musical. Quelques témoignages posthumes sont édifiants en faveur du disparu ; en voici quelques morceaux choisis :

- **Justin BOWEN (Pianiste, auteur compositeur arrangeur et ami du défunt)**

« Vincent NGUINI était très en avance ! »

Pour le pianiste, auteur-compositeur et arrangeur, le sieur NGUINI était un géant dont on ne mesure pas encore la perte dans son pays. Son témoignage est celui-ci :

J'ai rencontré Vincent alors que je jouais au cabaret ‘‘ Le Philanthrope ’’ à Yaoundé. J'étais très jeune (14-15 ans) et il fait partie des gens que j'ai approchés. Lui était à l'époque sociétaire du groupe « Les Tulipes Noires » fondé et dirigé par MEKONGO Président. C'était quelques temps avant son départ pour le Ghana via le Nigéria, et ensuite en Côte d'Ivoire où il rencontra le jeune batteur Paco Sery qui deviendra une figure de la musique africaine plus tard. Je me souviens que Vincent m'a demandé lors de notre première rencontre si je connaissais Chick Correa et Weather Report ! Evidemment, je ne les connaissais pas vu que j'étais le petit nouveau dans la musique. Lui, à l'opposé, était déjà loin : il a donc commencé à m'être d'un conseil très utile. Ensuite, nos chemins se sont séparés. Moi je suis parti en Grèce avant de déboucher au Havre où je me retrouve dans un groupe, ‘‘Ideku Dynasty’’, avec Eddy EDOUTHE, Moustick AMBASSA, et d'autres, Moustick l'a fait venir à l'un de nos concerts et après la prestation, il m'a dit que je n'étais pas encore bon. J'improvisais certes, mais ma palette de jeu était étroite. Il m'a écrit des partitions de blues que je devais, apprendre. Et à chaque fois que j'avais assimilé, il m'en envoyait une autre.

On s'est retrouvé à Paris quand j'ai quitté Le Havre. Il logeait alors dans un studio à Fontenay Sous-bois et j'allais souvent lui rendre visite. On échangeait pendant longtemps et quand je ne pouvais pas y aller, il y avait le téléphone. On s'est par la suite retrouvé dans le ''Soul Makossa Gang'', l'orchestre de Manu DIBANGO qu'il dirigeait. C'était quelqu'un que j'admirais beaucoup. Quand je commence à arranger ''Munam'' l'album de Sissy DIPOKO, je lui dis que j'ai besoin d'un morceau et il me donne '' Mouvement uniforme''. Et quand j'écoute, je suis emballé !

Avant Manu, il avait monté un groupe qui s'appelait ''Maloko'' avec Ben's BELINGA, Roger KOM, Féfé PRISO. Et l'on m'a dit qu'il était alors très strict, rigoureux. Mais chez Manu, c'était un chef cool et relax avec nous. C'est pourquoi après son départ du groupe, à la suite d'une tournée américaine, on a poursuivi notre relation. Une fois, on se retrouve au Canada et il me dit qu'il a été un grand sportif. Nous voilà qui courons le 100 m et au bout de quelques secondes, je suis devant et lui de s'écrier : « Ah, j'ai eu un claquage ! » Et on commence à rire. Des anecdotes comme celle-là, il y en a beaucoup que je peux raconter.

Vincent était un très grand musicien. Je ne sais pas si l'on se rend même compte de la perte qu'on vient d'avoir. Il retravaillait beaucoup ses musiques et même quand il recourait aux synthés, l'on sentait bien le travail d'harmonie et d'arrangement avec les placements des flutes ; des violons, etc. Il avait des changements de tonalités déroutants. Il était un vrai créateur. Il ne faisait que des pièces de grande envolée et c'est peut-être pourquoi il n'a pas eu le succès qu'il aurait mérité en Afrique. Figurez-vous que beaucoup d'orchestres ne peuvent pas jouer du NGUINI ! Ce n'est pas pour rien que Paul SIMON l'a gardé après avoir joué avec d'autres guitaristes comme Ray PHIRI. Quand SIMON a écouté ses compositions, il a compris qu'il avait à faire à un très grand musicien, qu'il avait un don exceptionnel ! Vincent était en avance, très en avance : Que ce soit sur le plan harmonique, des mélodies ou des arrangements, il était très loin : Et même sur la théorie musicale, il était en avance.

Le Ghana pour lui a été une source inépuisable sur le plan musical. Il avait su récupérer le High Life Ghanéen pour le hisser à un autre niveau avec ses connaissances musicales.

Le véritable legs que son passage nous enseigne, c'est la manière particulière de jouer nos musiques. Il nous laisse un héritage qui est de penser à la musique africaine d'une autre façon et cela peut nous aider à avancer. C'est à nous de fructifier tout cela, surtout la jeune génération à qui revient la mission de poursuivre ce chemin-là.

Il est dommage et malheureux qu'il n'ait pas montré aux camerounais sa science de la musique, son art de pratiquer la musique. C'est malheureux et insensé qu'un mec de ce niveau et de cette grandeur n'ait jamais été invité par notre gouvernement pour jouer. Il n'a presté que dans de petites salles et des cabarets. Il n'y a même pas eu un seul tweet du gouvernement pour saluer la mémoire de ce grand homme depuis qu'il a rendu son dernier soupir. Quel pays ! A la mort de Johnny, récemment, le président MACRON a parlé ; idem pour l'Equato-guinéen MAELE à qui le président OBIANG NGUEMA a rendu hommage et a assisté aux obsèques. Pour terminer, je dois dire que pour moi, Vincent fait partie des cinq meilleurs musiciens que le Cameroun ait eus dans son histoire.

- **Armand SABAL-LECCO (Bassiste, auteur compositeur et ami)**

Très jeune, j'ai entendu parler de Vincent NGUINI à l'époque des clubs « Le King's » et « Arizona » de Yaoundé. De ce temps-là et de par le monde entier, les musiciens recherchaient à approfondir leur expression personnelle à travers une inspiration universelle. Vincent avait une connaissance et un respect profond de diverses musiques folkloriques camerounaises, africaines, autant que le blues, jazz, rock, world-pop et classique. Cette étoffe de diverses cultures fit de lui un musicien, arrangeur et compositeur respecté par le gratin mondial.

Il s'est malheureusement égosillé à essayer de connecter avec la jeunesse camerounaise pour transmettre son savoir et ses expériences mais il aurait fallu comprendre son succès pour comprendre ce qu'il y avait à appendre. Une seule conversation avec un esprit illuminé vaut bien plus que dix ans d'étude dans une université.

Apprenez à reconnaitre et célébrer vos héros (de leur vivant) même s'ils sont humbles et effacés. Certains vivent à côté de vous et pas à la télé. Je suis content d'avoir connu et célébré Vincent NGUINI en tant qu'ami, grand-frère et collègue de studio et de scène pendant des dizaines d'années à travers le monde. Que ton retour à la source soit béni mon ami.

- **Jean-Marie AHANDA (Musicien et critique musical)**

Lorsque j'ai fait la connaissance de NGUINI Vincent, il venait de remplacer Jean-Marie VIGON qui s'en était allé aux USA… Tout de suite, il a intégré sa place dans ce groupe qui jouait de tout, mais avait apporté un bagage de jazz qu'l n'hésitait ni à déployer, ni à communiquer. Il avait apporté aussi avec lui une expression que seuls certains initiés connaissaient : « se former ! C'était donc en toute camaraderie qu'il avait évolué avec la plupart de ceux qu'on a connu dans la profession. De MBIDA Douglas à ABANDA Camille en passant par feu LOBE Valérie ou AMBASSA Constantin « Moustick », ou encore BELINGA BEN'S et feu le trompettiste ONGOLO Roger, René Blaise ou Petit NJOH ! Il a su tisser des liens d'amitié et professionnels qui l'ont porté de sommet en sommet de la musique mondiale. Chez Manu DIBANGO dans son « Gang », chez Paul SIMON dans sa musique des « Saints ».

Si NGUINI Vincent a misé sur le jazz comme moyen d'accomplissement, il a aussi accumulé une expérience notoire de high life, cette musique dominante des années 50 dans toute l'Afrique de l'Ouest. Cependant, je me rappelle une de nos conversations, un jour, à Paris, à l'entrée d'un show des frères Touré KOUNDA. Vincent m'avait demandé pendant notre conversation quel pouvait être mon intérêt pour le Bikutsi au point de faire le voyage France-Cameroun pour des mixages. Je lui avais répondu que c'était pour moi la musique de l'avenir, à l'instar du Mbaqanga des Sud-Africains et du Mbalax des Sénégalais. BELINGA Ben's, le saxophoniste assistait à cette conversation, et tous les deux avaient l'air absolument dubitatif...

Des années plus tard, les « Têtes Brûlées » ont allumé leur feu et nous avons souvent rencontré Vincent NGUINI aux USA, car il avait toujours ce sens de solidarité entre artistes et aussi une certaine curiosité mêlée de nostalgie du pays. Encore plus tard, il aurait invité Atebass à des séances d'enregistrement en faveur de l'artiste d'envergure internationale, Paul SIMON. Les échos de cette invitation rapportaient qu'Atebass n'avait finalement pas fait le déplacement et avait été remplacé par un autre compatriote. Ce fait m'avait été confirmé par Atebass soi-même qui m'avait dit avoir hésité. Cependant, l'album des « Saints » était paru et avait connu succès et controverses. Sans compter la tournée annulée pour cause de Guerre du Golfe n°1; il faut dire que, aux USA, la presse tenait à contester à Paul SIMON le crédit d'une chanson d'inspiration africaine, sans que jamais il n'ait été en Afrique équatoriale, et ait dans son line up un camerounais.

Combien de fois ai-je dû essayer de justifier l'injustifiable lors des interviews aux USA face à une presse désireuse d'y voir plus clair avec des artistes du cru ! Je dois reconnaître que, à chaque fois même si j'étais manifestement étonné que cette musique de Paul SIMON ne soit qu'une copie d'Atebass, la chose étant faite, notre musique ne pouvait qu'en bénéficier. J'étais cependant ravi que Vincent ait reconnu ma prédiction, même s'il n'avait pas associé les « Têtes Brûlées ». Plus tard, il a personnellement remis ça en produisant grâce à son ami de toujours SEKE celui-là même qui avait donné un statut admirable aux artistes de ''PAQUITA'' et de ''CASCADE'', ses cabarets), une musique de couleur locale, armée de ses attaques infernales à la guitare nouvelle et de sa voix disposée par ici et là, sans prétention de performance vocale.

Dans sa musique, tout est dans cette cadence, cette cavalcade unique dans cette musique dans laquelle beaucoup de nos excellents artistes de la diaspora se sentent intimidés par les artistes du terroir qu'ils croient détenteurs d'une licence ou d'un droit. Vincent NGUINI a franchi tous ces obstacles, a mis sa guitare au service de différentes musiques en élevant toujours le ton, et célébrant avec générosité de sa participation au groupe Maloko, ses prédécesseurs. Les musiques du monde…RIP.

- **André MANGA (bassiste de renom, auteur compositeur et arrangeur de musiques)**

« Vincent était un musicien complet ! »

Le bassiste, compositeur et arrangeur, évoque sa relation avec le disparu et le poids de l'héritage artistique qu'il laisse.

Comment ton chemin a-t-il croisé celui de Vincent NGUINI ?

Mon chemin croise fatalement celui de Vincent NGUINI par le fait que j'évoluais en tant que musicien camerounais fraîchement arrivé en France, et donc cet aîné sympathique qui à l'époque était le chef d'orchestre Manu DIBANGO, s'est tourné vers moi pour me souhaiter la bienvenue, et me donner beaucoup de conseils pour ce qui allait être la suite de ma carrière. Peu de temps après, il a dû s'en aller travailler avec Paul SIMON.

Il a au cours de son voyage musical proposé à la postérité une série d'albums traversés par le souffle des rythmes du terroir. Comment analysez-vous son approche du Bikutsi ?

Son approche du Bikutsi état celle d'un musicien visionnaire, qui malgré son succès n'as pas tourné le dos à ses racines, mais qui avait entrepris de faire grandir à la dimension internationale ce rythme bien de chez nous, afin que la jeune génération comprenne qu'il est de son devoir de sortir la musique camerounaise en générale des sentiers battus !

Il nous souvient que vous avez souvent travaillée ensemble, notamment sur ''Rythm of the Saints'' avec son boss, Paul SIMON. Comment le trouviez-vous en studio ?

C'était un excellent producteur, en studio comme sur la scène, ce qui lui a valu sa place de chef d'orchestre chez l'une des plus grosses stars de la planète. Nous discutions des heures au téléphone, tant il était toujours disposé à conseiller, à montrer, expliquer, ouvrir son cœur pour partager ses connaissances qui étaient nombreuses.

Il était compositeur, arrangeur et chanteur. Lequel de ces visages vous semble avoir été le plus marquant de la signature NGUINI ?

Le chant était un bonus. Vincent était un musicien complet, qui laisse son empreinte sur nous qui avons suivi ses enseignements : Justin BOWEN, Armand et Félix SABAL-LECCO, Fred DOUMBE, Francis MBAPPE, Sissy DIPOKO et beaucoup d'autres.

Maintenant qu'il s'en est allé, quel est selon vous le legs artistique qu'il laisse à la postérité et comment pourrait-on le fructifier ?

Maintenant qu'il est parti, paix à son âme, je souhaiterais que les acteurs de la culture au pays, musiciens, artistes, fonctionnaires et surtout, vous, messieurs et dames de médias, n'attendiez plus que nous discutions des mérites de nos icônes, nos ambassadeurs, après leur départ. Apprenons à rendre hommage pendant que la personne est présente. Vincent est parti sans recevoir un prix life time Achievement Award au Cameroun, malgré toute la reconnaissance dont il a bénéficié ailleurs. C'est désolant ! Pour ce qui est de la musique, le travail doit continuer.

II. L'IMMENSITE DE L'ŒUVRE DE L'ARTISTE

Vincent NGUINI fut assurément durant sa carrière professionnelle de musicien[33] une référence. Il le reste encore aujourd'hui non seulement en tant que guitariste talentueux internationalement reconnu[34], mais comme théoricien et praticien de la musique au sens noble du terme. Sa riche carrière musicale et l'œuvre artistique qui la sous-tend en témoignent.

[33]Depuis son départ du Cameroun dans la deuxième moitié des années 70 jusqu'à son décès sur la scène en 2017, soit plus de quarante années d'apprentissage et de pratique de la profession musicale.

[34]Il accompagna en Europe et aux Etats-Unis, de nombreux autres musiciens en dehors de Paul SIMON dont il était le collaborateur attitré.

A. Une carrière riche et généreuse

Bien qu'ayant véritablement commencé sa carrière professionnelle à son arrivée en France en 1978, NGUINI Vincent de Paul a pour ainsi dire culminé dans la musique au cours de son séjour étasunien, notamment pendant sa collaboration avec Paul SIMON dont la grande expérience artistique et scénique[35] lui a été bénéfique pour la suite de sa carrière.

L'étape française de cette carrière a certes connu un tournant décisif avec l'intégration de l'orchestre de Manu DIBANGO, le Soul Makossa Gang, mais auparavant, le musicien aura écumé les scènes avec le groupe ''Maloko'' dont il fut l'initiateur, de même que les studios parisiens en tant qu'arrangeur des œuvres de nombreux musiciens africains. La consécration de la stature internationale de cette « grosse pointure » camerounaise de la musique moderne sera affirmée aux côtés de Paul SIMON aux Etats-Unis, notamment à travers l'introduction des sonorités camerounaises (Bikutsi)[36] dans le célèbre album de la Star américaine intitulé « Rythm of the Saints », dont NGUINI a assuré les arrangements. Le must de ce premier projet musical avec Paul SIMON qu'il ne quittera d'ailleurs jusqu'à son départ définitif de la scène à son décès fut le fameux morceau « Proof ». C'est à la suite de ce premier essai qui se révéla être un coup de maître pour le natif d'Obala, que celui-ci s'imposa dans le grand orchestre de Paul SIMON dans lequel, faut-il souligner, il était entré à l'issue d'un test musical très couru[37] qui visait à recruter un guitariste de haut vol entre autres, en vue de relancer la carrière internationale de la star américaine. De ses débuts dans le « band » de SIMON, il se montrait très volubile, et ressassait à ses interlocuteurs les souvenirs des plus poignants. Ainsi par exemple ce récit éloquent :

« Quand j'arrive chez lui, il souhaite faire un disque sur les musiques d'Afrique, mais ne dispose que de percussions enregistrées au Brésil et il souhaite mettre la musique dessus… Commence alors véritablement le projet « *Rythm of the Saints* » sur lequel on a travaillé pendant plus de deux ans. Cet album a une particularité dans la mesure où je voulais vraiment mettre le Bikutsi à l'honneur, ce qui n'était pas facile. J'ai par exemple essayé de faire venir Atebass dans le projet sans succès. J'ai obtenu de haute lutte deux billets de

[35]Au-delà de ses débuts en duo avec Garfunkel (Simon and Garfunkel) dans les années 60 et 70, le guitariste chanteur américain a sillonné les cinq continents à l'occasion des multiples tournées pour faire des concerts.

[36]Etymologiquement, ce terme désigne un rythme musical qui s'exécute en bougeant le torse et en martelant les pieds au sol à une cadence régulière. La traduction littérale de ce terme usité en langue Béti est donc « marteler ou frapper le sol ».

[37]Pour la section guitare lead (solo), l'artiste dit avoir été sélectionné après l'audition de plus d'une centaine de postulant en lice, car Paul SIMON qui prenait part à cette audition semblait rechercher des sonorités particulières. Pour faire la différence, Vincent NGUINI opta d'exécuter un air de Bikutsi.

première classe Yaoundé-New York- Yaoundé ainsi que 5 000 dollars[38] d'argent de poche pour lui ! Je lui ai envoyé tout ça et il n'est jamais venu ; je ne sais pourquoi. Las, je fais venir Armand SABAL LECCO. Cela a failli mettre à mal mes rapports avec SIMON, mais ce dernier savait que j'avais fait le maximum. Peut-être qu'Atebass à partir d'ici[39] ne mesurait pas les enjeux de ce projet. Armand arrive certes, mais je dois convaincre SIMON de faire un tour à Paris où plusieurs instrumentistes camerounais exercent afin que l'empreinte du Bikutsi se ressente véritablement dans le projet. Dans le fameux morceau « Proof » d'ailleurs, je ne joue pas, je me consacre aux arrangements. Georges SEBA et Martino ATANGANA sont aux accompagnements, Félix SABAL est à la batterie, Charlotte MBANGO et Florence TITTY DIMBENG sont aux chœurs et Armand donc à la basse. Cet album a été multi-Platinum ».Par ce récit qui résume une tranche de la carrière artistique éloquente de NGUINI, l'on peut percevoir cet autre côté généreux mais surtout rassembleur du musicien, qui malgré son succès, ne s'enfermait pas dans sa tour d'ivoire, et ne se laissait pas griser par sa réussite musicale qu'il aimait à partager avec ses congénères, qu'il cooptait non pour simples raison d'affinité, mais davantage sur la base du talent et de la compétence dans le domaine musical[40]. A ce propos, il se targuait de connaître la musique, son métier, et de ne travailler qu'avec ceux qui aiment travailler et apprendre de la musique comme il n'a de cesse de le faire. Il avoue d'ailleurs que c'est sur la base de ce critère du mérite qu'il fut le chef d'orchestre de Manu DIBANGO pendant plusieurs années, et peu après de Paul SIMON pendant plus d' une vingtaine d'années jusqu'à son décès. Cela explique certainement le côté râleur de l'artiste et ses coups de gueule fréquents face à la qualité médiocre des musiques et des artistes musiciens du cru, qui selon lui, s'abandonnent à la facilité, et n'ont aucune formation dans le domaine musical.

De sa longue collaboration avec l'américain Paul SIMON- au grand dam de certains observateurs et critiques de la chose musicale, pour qui cela ne lui aura pas été bénéfique, car n'ayant pas permis au prodige camerounais de la guitare de démontrer la pleine mesure de son immense talent à travers une carrière personnelle-, dont il fut le chef d'orchestre inamovible durant presque trois décennies, Vincent NGUINI ne manquait pas d'arguments pertinents pour justifier son choix ; en voici une illustration en guise d' exemple :

---

[38]Ce qui équivaut aujourd'hui à 2 700 000 CFA environ.

[39] Cet entretien a été réalisé au Cameroun par une équipe de reporters du journal spécialisé en Arts et Cultures d'Afrique « Mosaïque » en décembre 2017, et paru en janvier 2018.

39 L'artiste NGUINI aimait accomplir de belles œuvres, et préférait collaborer avec de bons artistes, et travaillait comme il aimait à le dire, avec les meilleurs de sa profession.

« Vous devez savoir que les grands musiciens, ils changent d'orchestre suivant les projets, mais moi je suis de tous les combats et projets avec lui (Paul SIMON). Des albums on en fait tous les deux ans en moyenne ».

Relativement à sa constante dans la production discographique et la haute facture de ses œuvres artistiques, les raisons selon lui se ramènent à sa formation de longue haleine et de qualité dans le domaine musical. A ce titre, il s'explique ainsi :

« En Europe, j'ai perfectionné l'harmonie, l'écriture. D'ailleurs, je continue de me documenter et d'apprendre la musique. Le côté européen c'est l'orchestration et l'art de lui donner sens. J'ai par exemple composé la musique du cinquantenaire[41]qui reste inédite avec des instruments classiques. C'est cela que l'Europe m'a apporté, savoir comment manier tous les instruments et les mettre ensemble ». Il poursuit en s'appesantissant sur l'épisode qui aurait pu être un des points marquants de sa biographie. « Mais il ne faut pas oublier l'Amérique. Au contact des grands musiciens, je me suis assagi et affiné pour être celui que vous connaissez ».

En revisitant le long parcours didactique de l'artiste et le récit de cette odyssée musicale d'un homme armé de détermination et de soif d'apprendre son métier jusqu'au bout, l'on mesure le degré d'humilité de cet « immense musicien » que le Cameroun a engendré, et qui s'est imposé comme un des dignes ambassadeurs de sa culture à travers le monde[42]. Mais nul n'étant prophète chez soi, pour reprendre l'adage populaire, Vincent de Paul NGUINI NGONG OBAMA comme l'appelaient affectueusement ses proches et amis d'enfance d'Obala, se sera démarqué par son éclectisme, sa rigueur dans le travail, et par conséquent la haute facture de son œuvre dans le microcosme musical contemporain. Musicien accompli, ayant écumé les scènes de tous les cinq continents au gré des spectacles dont il ne comptait plus le nombre durant sa longue carrière, NGUINI Vincent lègue à la postérité une discographie (six albums) d'une richesse et d'une qualité incontestable.

40La célébration des cinquante années d'accession du Cameroun à l'indépendance en 2010, qui a donné lieu à des festivités dans tout le pays tout au long de cette année-là.

[42]Bien qu'il ait ressenti le remord de n'avoir jamais presté sur scène au Cameroun, malgré sa renommée au plan international, l'artiste est resté attaché à sa mère patrie jusqu'à la fin de sa vie.

B. Une production discographique de haute facture

Six albums personnels dans une carrière musicale de plus de quatre décennies peuvent paraître insignifiants pour les plus prolixes de l'art musical.

Mais ce qui est une évidence pour l'art musical l'est assurément pour les autres domaines artistiques : la valeur ou le talent de l'artiste ne se mesure pas à l'aune de la quantité des œuvres produites, mais à la qualité, qui s'apprécie sur le fondement des critères objectifs, universellement connus. La beauté de l'art étant d'une évidence notoirement reconnue, la musique de Vincent NGUINI est d'une dimension qui transcende les barrières ethnologiques et culturelles du monde contemporain. Elle devrait constituer une source d'inspiration pour les musiciens en cours d'apprentissage de cet art, tant elle regorge de diverses facettes de la richesse culturelle du continent africain. Seulement six albums personnels produits[43], mais d'une extrême richesse dont les mélomanes et autres critiques de l'art musical s'accordent à magnifier la qualité et la maîtrise de l'harmonisation instrumentale[44]. Sa rencontre avec Paul SIMON qui reste un musicien contemporain très expérimenté ayant influencé la musique moderne de la fin du XXème siècle en l'occurrence dans la catégorie « Rythm'n bleu » au milieu des années 70 et 80, lui aura permis de peaufiner son doigté et sa maîtrise de l'orchestration et des arrangements. Bien que sa musique à travers les six albums composés et produits[45] soit assez élitiste de par sa grande culture musicale acquise notamment à travers ses multiples collaborations avec d'autres grands noms de la musique internationale, l'artiste avouait connaître les difficultés liées à sa profession telles la promotion, la piraterie musicale, et même chose curieuse, la production de ses œuvres musicales. Il le déplorait sans détours en ces termes : « Je me produis moi-même. Avec les majors[46], il y a un problème quand tu arrives, on te dit de faire ce qu'on te demande. Tu ne peux pas y arriver avec tes morceaux[47] sous le bras et les sortir…

Quand les majors nous produisent, déjà le budget est insignifiant. Pour comprendre, il ne faut pas oublier ceci : dans un pays comme les USA, il y a

---

[43]Auxquels s'ajoutent les œuvres collectives, des arrangements musicaux et des orchestrations philarmoniques divers.

[43]Très peu des œuvres de l'artiste parviennent à être fidèlement reprises par des musiciens, même les plus futés, tant les arrangements et l'apport des différentes influences musicales sont complexes.

[45] L'on retiendra par ordre chronologique les œuvres suivantes: « Symphony-Bantu » 1994 ;« Mezik me Mvamba » 1997 ; « Sunshine day» 1999 ; « Traveler » 2002 ; « Douma » 2005 ; et son dernier album titré « Butsu », paru en 2017.

[46]Terme consacré dans le monde musical pour désigner les grandes firmes internationales de production et de distribution des œuvres musicales.

[47]Entendu au sens de chansons ou projets musicaux à concrétiser.

environ 240 millions de blancs, ensuite peut être 25 à 30 millions de noirs. Quand tu es noir, les ventes sont insignifiantes pour les majors. Avec les blancs, dans une famille de trois personnes, chacun a son lecteur de CD, ce qui veut dire que chacun achète son disque pour lui. Chez les noirs américains pour la même famille, un seul disque est acheté ». C'est pour expliquer en d'autres termes la stratégie marketing qui influence le choix artistiques et les options de rentabilité des grandes maisons de disques que sont les « majors », que l'artiste dépeint ainsi grâce à sa longue expérience de la pratique du microcosme musical international. Dans sa démarche d'autoproduction de ses œuvres, Vincent NGUINI a certainement été inspiré par l'expérience de son mentor Paul SIMON qui fait lui-même ses disques, et la vente de ses œuvres discographiques est confiée à Star box café[48], qui assure la distribution de ses disques actuellement de par le monde. Mais il n'en demeure pas moins que sa connaissance des métiers connexes de la musique a fait de NGUINI un professionnel avisé du métier qu'il a longuement appris en théorie et dans la pratique au cours de ses pérégrinations à travers les quatre coins de la planète.

Avec humilité et franchise dans l'art oratoire qu'on lui connaissait, Vincent NGUINI avouait sans aucune gêne qu'il lui était difficile de faire vivre ses albums autoproduits entre deux studios et deux tournées avec SIMON. Il renchérissait non sans amertume en disant que « ce qui est très difficile pour parler du Cameroun, c'est de trouver quelqu'un d'honnête » pour la distribution de ses œuvres musicales. L'autre problème auquel il devait faire face, et qui était commun aux autres musiciens camerounais et même africains était (et demeure aujourd'hui) la piraterie. Heureusement, dira-t-il, «ce phénomène ne m'atteint pas beaucoup dans la mesure où ma musique s'adresse beaucoup plus à l'élite ». Assurément, la musique que NGUINI nous aura servie au cours de sa carrière tant à travers ses albums personnels que dans ses collaborations avec d'autres musiciens de grande notoriété[49], démontre une parfaite maîtrise instrumentale qui allie une extrême variété de sonorités africaines (Bikutsi du Cameroun, Juju, music du Nigéria, High Life du Ghana, sonorités mandingues Ouest africaines et mélodies Sud-africaines, etc.). Cela n'est qu'un truisme de dire que Vincent NGUINI était un artiste non seulement complet, mais pluriel, tant il s'était frotté à moult écoles et expériences musicales sans discrimination de genre et de style.

---

[48]Entreprise multinationale qui opère dans le négoce du café.

[49]Outre Manu DIBANGO et Paul SIMON auprès desquels il a perfectionné son art, l'artiste a accompagné sur scène ou en studio des grands figures musicales en Europe et en Amérique telles Henri SALVADOR, Slim PEZIN, DIKOTO MANDENGUE, Georges BENSON, Jimmy BUFFET, HUGH MASSEKELA, Earl KLUGH, Stanley CLARK, Paul Mc CARTNEY, Annie LENOX, ETTA James, Marc ANTHONY pour ne citer qu'eux.

Aussi, son héritage musical riche et varié, reste-t-il à exploiter pour servir de socle ou de fondation à consolider par les générations à venir de musiciens africains.

Symphony-Bantu (1994),

Mezik Me Mvamba (1997)

Traveller (2002)

Douma (2005)

Butsu (2017)

III. L'HERITAGE ARTISTIQUE DE L'HOMME

Compte tenu de son parcours initiatique dans le monde de l'art musical, couronné du succès planétaire de sa carrière, parfois occulté ou méconnu par les aficionados de la musique gadget[50], Vincent NGUINI est assurément un des pionniers de la « World music » à la saveur africaine ; car, il a eu le flair d'opérer un métissage des influences musicales qu'il a connues, agrémentées de sonorités assez recherchées, à travers un agencement instrumental très affiné[51], dont il avait la maîtrise. En effet, c'est perché sur les épaules de Paul SIMON que Vincent NGUINI entre dans la légende[52]peu après son arrivée aux Etats-Unis d'Amérique en 1987. Grâce à sa rencontre et sa collaboration artistique quelques années seulement après cette rencontre, le camerounais a comme qui dirait « désormais le monde à ses pieds ». Ainsi, le rythme Bikutsi dont il s'est donné pour objectif de porter à l'échelle planétaire, afin de valoriser la musique africaine encore sujette à moult clichés peu reluisants[53], a grâce à son doigté, va pris un nouvel envol au plan international ; donnant ainsi la pleine dimension de son génie.

Comme l'exprime le prêtre philosophe ci-dessus référencé, non sans admiration pour l'artiste, « Vincent NGUINI a travaillé le Bikutsi en profondeur et a influencé la grande marche de cette partie de la culture Ekang livrée au saccage et à la profanation des troubadours ou de certains de ses propres enfants… Cette musique sans concession aucune avec la paresse le mène au toit du monde avec Paul SIMON ». C'est dire si le musicien, que dis-je « le MOZART » de la culture camerounaise voire africaine, a grandement influencé la nouvelle dynamique de la musique africaine contemporaine. Sous une nouvelle coulée de sons et une multiplicité d'instruments savamment agencés, le natif d'Obala s'est attelé à un travail de fond des œuvres qu'il a composées et qu'il a léguées à la postérité. Des œuvres élaborées non seulement pour le public africain, mais destinées aux amateurs de la « World music » matinée de sonorités africaines.

En somme, il s'est attelé à faire de ce rythme de la forêt camerounaise, en en gardant l'originalité, une musique moderne qui ne s'est point corrompue,

[50]Manu DIBANGO avait en son temps coutume d'utiliser l'expression « musique kleenex » pour qualifier les œuvres musicales des artistes africains composées à la va-vite, sans une bonne structuration des textes et des arrangements instrumentaux.

[51]Dans ce registre, ses albums individuels « Symphony Bantu » paru en 1994, « Traveler » paru en 2002 et le cinquième « Douma» produit en 2005 constituent des œuvres de référence dans les musiques africaines contemporaines.

[52]Dixit l'Abbé Janvier NAMA (par ailleurs Docteur en philosophie) dans son hommage posthume à l'artiste publié dans le quotidien « Le jour » n°3292 du 04 octobre 2020, page 5.

[53]Celle-ci a souvent été classée dans le registre péjoratif de « musique ethnique », pour parler trivialement des rythmes africains.

parce que sous-tendue aujourd'hui par le mercantilisme ambiant. C'est ainsi par exemple que l'album « *Rythm of the Saints* », premier produit de sa collaboration avec Paul SIMON est vendu à des millions d'exemplaires, grâce au titre phare « Proof » dont Vincent NGUINI a assuré les arrangements, en faisant une part belle à ses compatriotes musiciens très côtés sur la place parisienne, pour introduire des sonorités camerounaises dans cette œuvre qu'il mena de main de maître de bout en bout, et qui révéla au niveau planétaire son talent jusque-là insondable. Le vidéogramme de cette musique jouée sur le rythme Bikutsi a fait le tour de la planète à l'orée des années 1990, montrant le prodige camerounais de la guitare vêtu d'un boubou africain, accompagnant Paul SIMON vent debout. Grâce à cette œuvre sous-tendue par des sonorités venues d'ailleurs, où l'anglais et l'Ewondo[54] fusionnent avec un accent lyrique incontestable, « l'odyssée universelle du Bikutsi est à son apogée ».

En jetant un regard rétrospectif sur le parcours musical de l'artiste, dont nous saluons le talent et l'œuvre immense dans le domaine musical, il va sans dire que son héritage mérite d'être pérenniser. Ce à quoi nous entendons modestement contribuer. Car, si l'artiste est inévitablement appelé à quitter ce monde, son œuvre reconnue par sa qualité, doit lui survivre, et donc être magnifiée par ceux-là qui en apprécient la valeur et l'impact dans la société ; ce d'autant que la musique est une des composantes de la culture des peuples, qui transcende les frontières matérielles de l'humanité pour enfin féconder les prémices de l'universalité tant souhaitée de la culture humaine. Et Vincent NGUINI à l'instar de bien d'autres artistes de son registre d'activités a fait et fait encore partie aujourd'hui des ambassadeurs (ou icônes pour emprunter un vocable passé en mode) de la culture universelle au sens où la percevaient les pionniers du courant littéraire de la « négritude ». En alliant son talent et sa passion pour la recherche à ceux de Paul SIMON dont il fut l'alter-ego indéboulonnable des décennies durant, Vincent NGUINI a rendu disponible une richesse de sonorités qui, repris dans les standards occidentaux, offre un nouvel horizon à cette musique patrimoniale du Cameroun, après l'éphémère succès planétaire du phénoménal band les « Têtes brûlées » au crépuscule des années 1980.

Quoi qu'il lui en a coûté en termes de possibilités de faire une carrière musicale solo[55]potentiellement plus bénéfique compte tenu de son immense talent, Vincent NGUINI semble avoir opté pour la logique du professionnalisme

[54]Langue commune parlée dans une partie du Centre et du Sud Cameroun, et dont le musicien est par ailleurs membre de la communauté sociolinguistique qui la pratique, de par ses origines paternelles (Mvog Tsoungui Mballa).
[55]Terme consacré pour qualifier le statut d'un artiste exerçant sa carrière de manière solitaire.

au détriment de la recherche du confort matériel et la course à l'égo ou au « vedettariat » ; tant l'ombre de son « mentor » américain ne lui aurait pas permis, selon une certaine opinion avertie de la chose artistique, de révéler aux yeux du monde la pleine mesure de son talent, et d'en tirer bénéfice à l'instar d'autres musiciens moins talentueux et moins aguerris dans le métier qu'il ne le fut. Certes, comparaison n'est pas raison, et ce d'autant que l'artiste n'en avait jamais exprimé de regret, ni de frustration au plan des gains matériel ses comptés. Tant l'homme était d'une humilité et d'une réserve sans pareil, et n'était mu que par la passion pour son métier, et le plaisir de partager cette passion avec ses compagnons de métier. En revanche, l'artiste était très exigeant sur la qualité de la musique, et à en croire les témoignages de ses pairs musiciens confirmés ou en herbe, il était enclin à collaborer avec les meilleurs musiciens, ainsi que ceux qui s'appliquaient au travail[56].

Vincent NGUINI laisse à la postérité une œuvre d'une richesse inestimable, et d'une « solidité inattaquable à l'adversité et à l'usure du temps », car à force de patience, de privations et de volonté, il s'est bâti une carrière musicale dont le couronnement n'est autre que la résultante de l'expertise acquise au cours des longues années d'apprentissage dans les groupes musicaux divers et surtouts la fréquentation assidue des académies et scènes musicales prestigieuses des cinq continents de notre monde. Son fait d'arme majeur considéré comme la consécration de sa carrière de musicien, fut sa prestation aux côtés de Paul SIMON invité à prester à la Maison Blanche (siège de la présidence des États-Unis) lors de l'investiture du Président Bill CLINTON en 1991 ; fait inédit pour un musicien africain.

Malgré cette reconnaissance de son talent sur la scène musicale planétaire, l'homme a gardé la tête sur les épaules, même si son pays le Cameroun ne lui a pas aménagé une place au « panthéon », à travers la valorisation de ce génie méconnu des siens. Il s'en ira d'ailleurs portant au fond de lui-même quelques regrets et déceptions, notamment pour des actions manquées vis-à-vis de sa patrie[57] durant sa riche carrière[58]. Ce qui donne tout son sens à l'adage « nul n'est prophète chez soi ». Nonobstant ce manque de reconnaissance de

---

[56]Voir le témoignage ci-dessus fait à titre posthume par son ami Justin BOWEN dont il a été le mentor dans l'art musical.

[57]L'artiste racontait avec une pointe de regret mêlé à la déception, sa mésaventure du show avorté ave Paul S*IMON* au Cameroun en 1991 : « Je suis même venu au Cameroun avec son manager. Il ne se fait finalement pas (le concert projeté) parce qu'avant d'arriver à Yaoundé, on n'a que les plans et les photos du stade Ahmadou Ahidjo. Mais quand on arrive au stade, les responsables nous empêchent d'entrer dans le stade pour voir la configuration et confronter avec les photos. C'est ainsi que le projet capote ».

[58]Vincent NGUINI était (après Manu DIBANGO) un des pionniers de la scène musicale camerounaise à se voir ouvrir les portes du show musical et à y connaître un franc succès grâce à son savoir-faire.

l'immense talent de l'artiste sur son sol natal, parce que immergé dans un microcosme dominé par la recherche du gain facile à travers des œuvres de qualité discutable et la primauté des égo surdimensionnés de stars saisonnières montées au piédestal par les canaux médiatiques peu professionnels, Vincent NGUINI a été jusqu'au bout un artiste au sens vrai du terme, un compositeur, interprète et homme-orchestre qui a su s'adapter aux variations musicales de son temps, sans en subir l'usure. Son inspiration et son doigté sont restés intacts, en témoignent sa production discographique (six albums de bonne facture) et ses prestations scéniques qu'il a maintenues constant jusqu'à son décès survenu en plein spectacle live en terre brésilienne le 08 décembre 2017. Et pour magnifier ce digne fils du Cameroun qui a culminé dans son métier de musicien malgré les clichés subjectifs et moyenâgeux d'un corps de métier qui participe à la création de la richesse des Etats structurés, et davantage son œuvre en guise d'hommage à son talent, un critique de l'art musical concluait son éloge en ces termes : « L'artiste (Vincent NGUINI) quitte ainsi le monde après ce travail de profondeur, son éternelle casquette vissée sur la tête lui donnant l'air d'un souverain désormais assis sur une grande partie de la légende Bikutsi, dans la double posture à la fois d'héritier et de prophète. La légende ne dit pas encore si les étoiles tombèrent du ciel le jour de ses obsèques… »[59]. Peut-il y avoir plus belle photographie métaphorique d'un humain faite par ses semblables, reconnaissant le génie et le talent qu'il a su incarner, valoriser et partager en toute simplicité de son vivant !

IV. L'ARTISTE NGUINI RACONTE PAR L'AMI, LE COLLABORATEUR, LE CONFIDENT JUSTIN BOWEN TCHOUNOU

Extrait d'un échange téléphonique le 03/12/2022

Vincent NGUINI commence sa carrière musicale avec KAMDEM Iréné[60] Par la suite, il va chez « *Ringo* », puis rejoint les Tulipes noires au « *Philanthrope »,* cabaret situé ans la capitale camerounais.

Il va par la suite immigré au Ghana où il a arrangé plusieurs artistes Ghanéens. Il quittera le Ghana pour la Côte d'Ivoire malgré lui en compagnie de Valery LOBE (batteur). Mais il faisait de temps en temps des séjours au Cameroun où il tournait prester au Philanthrope.

Parti de la Côte d'Ivoire pour la France, c'est là que je fais sa connaissance, alors qu'il était déjà un immense musicien. Il m'a aussi formé dans ce métier par ses conseils et des cours de partition qu'il mettait gracieusement à ma disposition.

Vincent NGUINI était en avance sur son temps musicalement parlant, et a contribué à l'éclosion de beaucoup de musiciens africains (Koffi du Ghana, Paco SERI de Côte d'Ivoire, Rachel TSOUNGUI du Cameroun, notamment). C'était un personnage très attachant, mais assez méfiant vis- à-vis des personnes qu'il ne connaissait pas. C'était un immense arrangeur de musique.

Il avait collaboré avec Manu DIBANGO pendant quelques temps avant d'aller s'établir aux Etats-Unis à l'occasion d'une Tournée dont je faisais partie. Il s'est intégré dans l'orchestre de Paul SIMON où il étai le guitariste lead et l'arrangeur, puis Chef d'orchestre. C'est ainsi que nos chemins se sont séparés pour un moment. Des années durant après son séjour américain (où il a vécu plusieurs décennies ; il m'appela au cours d'un passage à Paris pour me dire qu'il est malade, non sans me rassurer face à mon désarroi (je me mis à pleurer au téléphone à l'annonce de sa nouvelle) : il me dit exactement ceci : *« Allô,* petit- comme il m'appelait affectueusement-, *c'est la fin, je suis malade... mais j'ai pris rendez-vous avec les meilleurs médecins par les soins de Paul SIMON, qui promettent de s'occuper de moi ».* Après cette conversation, je n'ai plus eu de ses nouvelles pendant plusieurs mois, jusqu'à ce que j'apprenne qu'il a été interné dans un hôpital au Brésil, puis la nouvelle de son décès le 08 Décembre 2017.

[60]Musicien professionnel évoluant à Yaoundé dans les années 1960-1970.

Pour tout dire, Vincent NGUINI fut un des meilleurs musiciens africains et même planétaires de notre temps, et il a beaucoup œuvré pour la musique contemporaine par la qualité de ses œuvres et de ses arrangements au profit d'autres artistes musiciens.

Le côté patriotique de Vincent NGUINI m'a beaucoup marqué, car, il était très attaché au Cameroun et à l'Afrique. Il n'avait de cesse de me dire *« il est temps que nous rentrions au pays, et formions un grand groupe musical avec lequel nous ferions le tour de l'Afrique... »*. Mais Vincent a gardé un goût amère du fait de sa non reconnaissance par son pays le Cameroun durant sa carrière .Par qu'il était plus connu ailleurs qu'au Cameroun où il n'avait jamais presté en concert ; mais cette reconnaissance est arrivée sur le tard, puisqu'il a été chargé de composer l'hymne du cinquantenaire du Cameroun en 2010, mais cette œuvre est restée inédite. Il fut également reçu les honneurs à titre posthume Président de la République. De son attachement à sa mère Afrique, ce fut un grand panafricaniste, il me disait souvent ceci : *« Si j'ai vécu aussi longtemps aux Etats-Unis et presté sur les plus grandes scènes du monde, où voudrais-tu que j'aille encore, si ce n'est retourné vivre en Afrique ? »* Par ailleurs il avait un profond amour pour l'Afrique du Sud où il avait souvent presté avec Paul SIMON, et y avait de nombreuses relations dont une amie qu'il allait régulièrement voir. Il vouait une grande admiration à Nelson MANDELA après sa sortie de prison et ensuite devenu Président de l'Afrique du Sud.

Le côté panafricain de Vincent NGUINI s'est manifesté par son admiration de la musique ghanéenne car, il pensait que la musique africaine a commencé avec la musique ghanéenne.

Le High-life ghanéen était déjà très évolué après les indépendances car, cette musique intégrait déjà les sonorités symphoniques dans ses compositions, des orchestres de télévision, des écoles de musique ; et pour cela, il la considérait comme la mère des musiques africaines modernes. C'est pour cette raison qu'il a décidé, pendant son aventure musicale physiquement parlant, de s'établir d'abord au Ghana pour apprendre et maîtriser ce genre musical qui le fascinait car, il est d'une immense richesse (d'ailleurs la musique camerounaise moderne de la première heure- EBOA LOTIN, EKAMBI Brillant notamment était inspirée du High-life Ghanéen). Aussi, Vincent NGUINI se sentait-il très ghanéen par sa sensibilité pour ce genre musical. C'est pourquoi il avait décidé d'aller d'abord à la rencontre des musiques africaines, avant d'aller performer hors de l'Afrique ; ce qui justifie la maîtrise de la musique (théorique et pratique) qui était la sienne, et la qualité éclectique de ses œuvres. Bref, à mon sens, NGUINI Vincent fut un des plus grands musiciens que j'ai côtoyé durant ma carrière d'artiste. C'est tout cela qui faisait l'originalité de sa musique et de son touché de guitare, parc qu'il ne jouait pas de la guitare comme les autres musiciens camerounais. Il « avait ce côté Roots qui le caractérisait en tant qu'Africain (et camerounais), du fait de son attachement à ses origines. Il se plaisait lorsqu'il voyageait pour le Cameroun à dire « Je vais au Cameroun, je vais à Obala », cette localité qui l'a vu naître.

Si l'œuvre de l'artiste au sens noble du terme est souvent appelée à résister à l'usure du temps, surtout lorsque celle-ci est une source intarissable d'inspiration au bénéfice des futures générations, le leg musical du personnage ô combien appréciable de cet artiste au talent et à la notoriété établis que fut Vincent NGUINI ne saurait se soustraire à ce postulat.

Musicien complet, multi facettes et iconoclaste, la vision avant-gardiste de l'art musical moderne et universel de cet orfèvre de la chose musicale, mais surtout virtuose de la guitare aura marqué les mélomanes, et au-delà, ses contemporains par son humilité, son humanisme et son sens du patriotisme. Car, l'artiste, jusqu'au terme de son, parcours professionnel est resté enraciné dans sa culture, en ne se lassant point, malgré l'adversité qui a jalonné sa riche carrière, de valoriser et promouvoir les rythmes musicaux de son terroir natal et ceux des autres aires socioculturelles africaines qu'il a sillonnées au cours de son parcours professionnel (notamment au Cameroun où il a débuté, en Afrique de l'Ouest où il s'est perfectionné, pus en Europe et aux Etats-Unis d'Amérique où son savoir-faire s'est affirmé). L'homme est resté attaché à ses origines culturelles qu'il valorisait non seulement à travers sa riche discographie inspirée des grands courants musicaux du continent africain, mais aussi par son passeport camerounais ave lequel il voyageait, et auquel il n'avait par renoncé. En somme, à propos de l'artiste et de l'Homme tout court, je dirais de l'humaniste que fut NGUINI NGONG OBAMA Vincent de Paul (de son état-civil), musicien international à la notoriété mondialement établie ; en voilà le parcours, marqué par un héritage spirituel - son œuvre de grande facture que l'artiste a laissé à la postérité à son décès en décembre 2017 dans sa soixante cinquième année de vie. ainsi, une étoile de l'univers musical s'est définitivement éteinte./.

Vincent Nguini repose à Obala

TABLE DES MATIERES

Cet essai biographique commis en guise d'hommage posthume à l'artiste musicien de renommée internationale Vincent NGUINI n'a aucune prétention de faire un récit exhaustif de la vie de cet immense personnage du show-business qui a mené une longue et brillante carrière musicale commencée à la fin des années 1970, et qui a culminé entre 1990 et la fin de la décennie 2010 au cours de laquelle l'artiste a quitté définitivement ce monde. A travers ce récit illustré de photographies et de multiples témoignages de reconnaissance de l'humanisme et du talent de l'homme et de l'artiste, nous avons voulu mettre en exergue non seulement le professionnalisme du musicien, reconnu à travers son œuvre, mais surtout son abnégation et le plaisir de faire ce qu'il aimait et savait faire le mieux, à savoir la musique. Parti de son Cameroun natal pour une aventure musicale en Afrique de l'Ouest, à la rencontre d'autres expressions culturelles du continent qu'il rêvait de connaître, Vincent NGUINI a acquis une solide formation musicale pratique et théorique au contact des acteurs et des musiques du continent noir qu'il a côtoyés. Cette longue aventure dans l'univers musical s'est poursuivie au-delà de l'Afrique, et l'a conduit à travers le monde, sur d'innombrables scènes où il a presté aux côtés des grandes célébrités mondiales de la musique, à l'instar de Manu DIBANGO, Georges BENSON et surtout Paul Simon dont il fut l'Arrangeur et Chef d'orchestre des décennies durant. C'est donc une icône de la musique moderne qui s'en est allée, et qui mérite d'être célébrée en toute modestie, pour qu'il continue de vivre dans les mémoires.

L'auteur est juriste, Professeur de Droit public à la Faculté des Sciences juridiques et politique de l'Université de Douala au Cameroun. Amateur de belles musiques, il a connu l'artiste, et s'est intéressé au style musical qu'il a élaboré durant sa riche carrière professionnelle, parce qu'ayant mis en valeur les sonorités du patrimoine musical de l'Afrique, à travers des apports de la technologie musicale moderne, mâtinés des orchestrations symphoniques d'une grande diversité, ce qui a révélé aux yeux et à l'écoute des mélomanes de la fin des années 1980, la dimension internationale de ce musicien talentueux et Arrangeur de musiques de nombreux artistes professionnels de grande qualité. Cet essai biographique n'est rien moins qu'un hommage post-mortem à un acteur de la culture africaine moderne qui a fait raisonner à travers le monde, la voie de l'Afrique en musique.

Printed by Books on Demand GmbH, Norderstedt / Germany